教師の
あるある
トラブル
初期対応77

鈴木ヒデトシ 著
ノグチノブコ イラスト

東洋館出版社

はじめに

「朝、教室に行ったら子どもの多くが欠席していた……」

「授業参観で子どもがそわそわして落ち着かない……」

「保護者から自分宛の苦情の電話がかかってきた……」

このように、学校では、日々トラブルが起こり、教師であるあなたはその対応に追われているのではないでしょうか。

学校でのトラブルは、"思いがけない時"に"思いがけない内容"で、しかも"思いがけない場所"で起こります。どのように対応して良いか迷っているうちに時間が過ぎ、対応が後回しになってしまうこともありませんか。

時には**複数のトラブルが同時に起こり、事態は深刻化、負の連鎖に発展してしまいます**。トラブルは、人、物、お金、情報が複雑に絡まり、その対応を間違えると新たなトラブルへと発展してしまいます。

教師という仕事の特性上、**トラブルは必ず起こります！**。

大切なことは、トラブルが起こった後の対応です。その対応は、**迅速かつ正確に、そして相手への「心くばり」が重要です**。

本書では、実際の学校現場で頻繁に起こるトラブルを「あるあるトラブル」として、「トラブルを深刻化させない、ほかのトラブルに連鎖させない」ための初期対応術をたっぷり紹介します。まずは、本書で取り上げる「あるあるトラブル」初期対応の基礎・基本を簡単に説明します。

なぜ今、「あるあるトラブル」への初期対応を見直すのか？

さまざまな社会的な事象を踏まえた上で、子どもや家庭に寄り添った個別の対応が求められる一方、教員の大量交代期を迎え、これまでに獲得してきた教育技術の伝承が難しくなる時期に差しかかっています。加えて、教員の

多忙化が問題視され、新たな働き方が求められています。

　このように教員を取り巻く急激な変化に対応しながら、子どもに対して複雑で多様な対応をしていかなければなりません。その状況下では、「いつもこうしているから」「前も同じように対応したから」といった経験重視の判断にのみ頼ることは避けなくてはなりません。

　例えば、子どもが転んで、たんこぶをつくってしまった時、あなたなら、どのように対応しますか。

　「あるある」だと思い、経験のみを頼りに保健室で患部を冷やして終わりという考えの人もいるでしょう。しかし、今は首から上の怪我、特に頭部の怪我では直ちに保護者に連絡をし、場合によっては脳外科への受診を勧めるという対応をとることが当たり前になってきています。これは、学校で実際に起きた過去の事故を受けての対応です。仮に、「あるあるトラブル」だと安易に考え、このようなきめ細やかな配慮をおろそかにすると、新たなトラブルへと発展してしまうかもしれません。社会の在り方が変化してきている今だからこそ、「あるあるトラブル」への対応を見直すことが重要です。

　「あるあるトラブル」への対応を見直す時に大切なことは、「トラブルを発生させない」のではなく、「トラブルは必ず起こる」ことを前提に、「トラブルをいかに深刻化させず、新たなトラブルに連鎖させないようにするか」ということです。

　トラブルが深刻化し連鎖していく状況では、あなたの心労は深まり、授業そのものがおろそかになりかねません。それでは、本末転倒です。

　そこで、深刻化と連鎖を防ぐためには、<u>初期対応</u>が鍵となるのです。

> ## トラブルを深刻化、連鎖させない
> ## ６つのポイント

❶ 「報連相」はもちろん重要ですが……

　「報連相」とは、一般的には上司への行動や進捗状況の「報告」、必要事項の「連絡」、困りごとなどの「相談」の３つを指します。もちろん、学校で

もトラブルが起きた時は、「報連相」が基本です。しかし、「思いがけない場面」で「思いがけないこと」が起こった時、杓子定規の「報連相」では的確に対応することが困難な場合もあります。

そこで、「報連相」を基盤としつつトラブルに的確に対応するために、**「トラブルの主体者」であるという意識をもって、関係者の心情を理解するように心がけましょう**。人と人との関わりで生まれるトラブルだからこそ、改めて相手の気持ちに寄り添う必要があるのです。トラブルの深刻化につながる可能性が高くなる、トラブル初期での行き違いを防ぐためにも重要です。

❷ 後回しにしない

トラブルが起きた時、あなたは焦り、対応に苦慮することでしょう（焦らず、対応に苦慮しなくても、その慢心がトラブルを深刻化、連鎖させてしまうこともあります）。

そこで、「報連相」の次に大切なことは、**対応を後回しにしないこと**です。

「今は忙しいから、あとから……」「このくらいならば大丈夫だろう……」

理由は様々ですが、対応が後回しになってしまうと、**関係者の不安感は「不信感」へと変わり、いつしか「怒り」へと発展していきます**。

初期対応は、スピード勝負であることを心しておきましょう。

❸ 傾聴の姿勢を相手に示す

トラブル対応の中で、最も力を注ぐべきは、当事者との関わりでしょう。そこで、大切なことは**当事者と対峙した時のあなたの聴き方**。一般的に、相手を尊重し、心から受け入れる聴き方を「傾聴」と言いますが、その姿勢が相手に伝わらなければ意味がありません。傾聴には、**自分の心情とともに相手に伝わる姿勢づくりが大切**です。「しっかりと聞いていますよ」ということが姿勢から伝わることによって、相手が心を開いて話してくれることもままあります。そのために必要な8つのポイントを挙げてみます。

- あなたは聞き役です。相槌をうちながら、あごをひいて聞きます。
- 相手の話が一区切りする目安の約5分間は、あなたは聞き役に徹します。
- 「なるほど」「うん、うん」は上から目線だと思われるため避けましょう。
- 電話では、ながら仕事などはせずに真剣に話を聞きます。
- 「お気持ちは分かります」「おっしゃる通りです」と返すと、相手に寄りっ

ているという気持ちが伝わります。

- 電話で相手の話がいつまでたっても終わらない時には、「もしもし」と話すと、相手の気持ちを配慮しつつ、話をいったん切ることができます。

- 「お話を聞かせていただき、ありがとうございます」というように情報を提供してくださった行為に感謝の言葉を添えます。

- 回答に困った時には、即答は避け、回答を準備する時間をいただくようにします。

　このように傾聴の姿勢を示しながら聞くことによって、「怒り」が収まり、お互いにトラブル解決のために話をすすめることができるようになります。

❹ 「顔を合わせて」、そして「心を合わせて」

　日常生活を振り返ると、大切な話をする時には直接会うようにしている人が多いでしょう。「あるあるトラブル」への対応でも、**重要なこと、誤解を招きそうなこと、正確に伝えなくてはいけないことは、直接会って正確に伝え、厚い信頼につなげることが大切**です。

　保護者や地域住民からの意見や苦情の多くは、電話での連絡で、そのうち、名前を名乗る苦情電話は半数を切るのが現実です。しかし、名前を名乗る電話があった場合、それは回答や改善を期待していることの証拠です。ですから、「傾聴」をした後、できればその場で、相手と直接顔を合わせて話す約束を取り付けるようにしましょう。その際、あなたともう一人、できれば複数で伺います。もちろん、正装に着替え、相手に最大限の誠意を示すことが重要です。

　一定時間をおいて、直接顔を合わせて話すことで電話口の時のような「怒り」は収まっているはずです。**「傾聴」し、そして「足を運び」「顔を合わせて話す」**ことにより、初期対応の一つの大きな山を越えることができます。

❺ 謝罪は、慎重に

　保護者や地域住民からの突然のお怒りの電話。その勢いに、つい「申し訳ありません」と謝罪してしまうことはありませんか。子どもたちに関わることですので、話を十分に聞く間もなく謝罪してしまうことがあります。

　謝罪から始まる初期対応は、その時点で加害者、被害者という構図をつくり上げてしまいます。つまり、初期対応そのものの是非から、「誰が悪いの

か」「誰が謝るのか」「誰が責任をとるのか」といった責任問題へと変化してしまうのです。謝罪だけでは、「怒り」の感情は収めることができません。

　謝罪は慎重に。この一言があなたを冷静にかつ適切な初期対応へと導いてくれるでしょう。

❻ 「心くばり」があなたを救う

　さて、「報連相」を基本に、迅速にかつ顔を合わせて、相手の話をよく聞いて対応しても「トラブルが深刻化、連鎖してしまう」ことがあります。

　そこで、大切なことは**相手への心くばり**です。どんなに適切な対応でも、関わりのある人々のプライドを傷付けたり気持ちをないがしろにしてしまったりしては、対応前より状況が悪化してしまいます。

・このように話したら、相手はどのように感じるだろうか？
・対応したあなたと相手の様子を見た人は、どのように感じるだろうか？

　このように、対応によって引き起こる周辺人物の心の動きをイメージして初期対応を行う必要があります。このイメージこそが「心くばり」です。

　初期対応が必要な時は、あなたも相手も気持ちが高ぶっています。だからこそ、あなたは一呼吸おいて、**相手の気持ちと対応後の状況をイメージして対応していきましょう**。相手への「心くばり」があなたを救い、その後の相手との良好な関係と信頼へと結び付いていきます。

　ここまで見てきたように、「あるある」すぎて、つい「いつも同じ対処」をとってしまいがちな「あるあるトラブル」。そのような部分にこそ、落とし穴があると思い、あえて本書では初期対応を見直し、ご紹介しています。

　高い頻度で起こるトラブルだからこそ、しっかりとした初期対応を継続して行えば、あなたと子ども、そして、保護者や同僚、地域住民との間に良好な信頼関係がうまれるのです。ピンチはチャンスです。初期対応への準備こそが成功の最大の秘訣なのです。

全国どこの学校でも起こりうる「あるあるトラブル」
「保護者にまつわるトラブル」「そのほかのトラブル」に

「あるあるトラブル」が
起きた時間、場所、内
容を具体的に記述して
あります。

あるあるトラブル1

朝、教室に子どもがほとんどいなかった

　朝、教室に行くと登校している子どもが少なく、ガラーンと
した状態でした。教室にいない子どもたちの多くは、欠席して
いるようです。

トラブルを表情豊かな
登場人物たちで表現し
ています。

ここが
分かれ目

なんでこんなに欠席者が？
どうしよう……、授業時間も近付いている！

あなたならどうする　？

「あるあるトラブル」の内容をご覧いただき、あなたなりのトラブルを
深刻化、連鎖させない方法をまずは考えてみてください。

を 77 事例に精選して「子どもにまつわるトラブル」「職場にまつわるトラブル」
分類しました。

初期対応を一言でまとめています。時間がない時、迷った時は、この一言を思い出してください。

これが大事!!
欠席者の氏名とその理由、そして人数を表にまとめましょう

　登校している子どもは席に着かせ、欠席者が誰なのかを視覚的に確認します。その上で、空席の子どもの名前と欠席理由を一人ひとり確認し、欠席者名とその理由を表にまとめます。場合によっては登校している子どもの体温も測りましょう。

子ども

あなたが行うべき初期対応の方法を具体的にご紹介しています。イラストと合わせてご覧いただくと分かりやすいです。

みんなー旦席に着いてね
誰がお休みか
確認するよ

具体的な初期対応によってトラブルの深刻化、連鎖を防ぐことができた状況をイラストで表現しています。

心くばりもわすれずに
インフルエンザやノロウイルス等の感染による欠席かもしれません。欠席理由は、あなたが用紙にメモをしながら確認し、出席者にも心くばりを。

NG 対応
慌てて職員室に報告するのではなく、まずは、具体的に欠席者数とその理由を確認します。登校している子どもたちは、教室から出しません。

13

本書が最も大切にしている相手への「心くばり」を盛り込みました。トラブルは人と人との感情のすれ違いによって深刻化してしまうものです。心くばりの具体を参考にしてください。合わせて、トラブルを深刻化、連鎖させやすい NG 対応や予防策も御紹介しました。

contents

☀ **はじめに**

なぜ今、「あるあるトラブル」への初期対応を見直すのか？ ……………… 1

トラブルを深刻化、連鎖させない 6 つのポイント ……………………… 2

☀ **本書の見方** …………………………………………………………… 6

子どもにまつわる「あるあるトラブル」

① 朝、教室に子どもがほとんどいなかった ……………………………… 12

② 教室が散らかっていて汚い …………………………………………… 14

③ 「トイレにうんちがある！」と子どもたちが大騒ぎ！ ……………… 16

④ 子どもを叱ったら大声で泣き出してしまった ……………………… 18

⑤ 子どもが転んで、おでこにたんこぶができてしまった …………… 20

⑥ 子どもがふざけていて、花瓶を割ってしまった …………………… 22

⑦ 折り紙のプレゼントにうまく反応できず、悲しませてしまった …… 24

⑧ 子どもが日直当番の仕事をやり忘れてしまった …………………… 26

⑨ 子どもが「自分の持ち物がなくなった！」と訴えてきた ………… 28

⑩ 子どもが家族旅行のお土産を学校に持ってきた …………………… 30

⑪ 教室の冷房がききすぎて、子どもが風邪をひいてしまった ……… 32

⑫ 子どもが突然とびかかってきて、腰をひねってしまった ………… 34

⑬ 子どもの作品に落書きがされていた ………………………………… 36

⑭ 給食の時間に子どもがふざけて立ち歩いてしまう ………………… 38

⑮ お弁当持ちの日にお弁当を忘れた子どもがいる …………………… 40

⑯ 給食の時間、1人で4人分のプリンを食べている子がいる ……… 42

⑰ 勘違いをして、子どもを叱ってしまった …………………………… 44

⑱ 教室に蜂が入ってきて、子どもたちが大騒ぎ ……………………… 46

⑲ 教室で飼っていた金魚が死んでしまった …………………………… 48

⑳ 校舎の警報器が大きな音で突然鳴り出した ………………………… 50

㉑ 下校時に突然、雷が鳴り出した ……………………………………… 52

㉒ 運動場に鳥の死骸があった …………………………………………… 54

㉓ 学級会の話し合いがスムーズに進まない……56
㉔ ピアノの伴奏希望者が多すぎて選考に迷ってしまう……58
㉕ 授業参観で子どもがそわそわして落ち着かない……60
㉖ 子どもから、ほかの先生の不満を言われた……62
㉗ 「子どもの荷物が多くて、大変そう」と保護者からの連絡があった……64
㉘ 苦手なタイプの子が学級にいて、上手に接することができない……66
㉙ 保護者に学校からのお便りを見せず、連絡が行き届かない……68
㉚ 下校時に突然の雨！　傘を持っていない子どもがいる……70
㉛ 「荷物を取り違えて帰ってきてしまった」と連絡が入る……72
㉜ 授業中、誰も発表しようとしない……74
㉝ 教室で突然、子どもが嘔吐をしてしまった……76
㉞ 子どもが教室でおもらしをしてしまった……78
㉟ 子どもが授業中、鼻血を出してしまった……80
㊱ 体育の授業中、子どもが足首をひねってしまった……82
㊲ まだ授業が終わらないのに、チャイムが鳴ってしまった……84
㊳ 子どもが宿題の提出を忘れてしまった……86
㊴ ほかのクラスと学習の進度に差が出てしまった……88
㊵ 授業中、間違った発言をした子どもがからかわれてしまった……90
㊶ 子どもが授業で使っていたタブレット型端末を床に落としてしまった……92
㊷ 水泳の授業後、子どもが「耳に水が入ってしまった」と訴えてきた……94
㊸ 水泳の授業中、子どもが吐き気を訴え、ぐったりしてしまった……96
㊹ 「花粉症がひどいので、体育を見学したい」と子どもに言われた……98
㊺ 回収したノートが誰のものか分からなくなってしまった……100
㊻ テストで採点を間違えてしまった……102
㊼ ノートを回収したものの、次の授業までに確認しきれなかった……104

職場にまつわる「あるあるトラブル」

㊽ 早く帰宅したいが、誰も帰ろうとしていない……106
㊾ 先輩職員の出勤が早すぎて、気を遣ってしまう……108
㊿ 出勤したら学校が解錠されていなかった……110
(51) 朝、出勤したら校舎の一部が破損していた……112

(52) 出勤前に体調が悪くなってしまった …… 114
(53) トイレに行く時間がなくて困ってしまう …… 116
(54) 荷物が多すぎて通勤がつらい …… 118
(55) デスクワークが多く、運動不足のせいで体重が増えてしまう …… 120
(56) 絶対にこなせない量の仕事を頼まれた …… 122
(57) あいさつをしても返事をしてくれない職員がいる …… 124
(58) ジャージで出勤する同僚がいる …… 126
(59) なかなか時間を守ることができない同僚がいる …… 128
(60) こちらの意見を全く聞いてくれない同僚がいる …… 130
(61) 同僚に頼んだ仕事の期限が過ぎてしまった …… 132
(62) 体調の悪そうな同僚がいる …… 134
(63) 仕事をやりきれていない職員がいる …… 136
(64) 机上の整頓ができない同僚がいる …… 138

保護者にまつわる「あるあるトラブル」

(65) 保護者からプレゼントを渡された …… 140
(66) 連絡帳に保護者から自分宛の苦情を書かれてしまった …… 142
(67) 家庭訪問で話が盛り上がらない …… 144
(68) 「来年も子どもの学級担任をしてほしい」と頼まれた …… 146
(69) 保護者に電話連絡を入れても、なかなかつながらない …… 148
(70) 「子どもが怪我をして帰宅してきた！」と保護者から連絡が入る …… 150
(71) 保護者から「友達に筆箱を壊された」という連絡が入る …… 152
(72) 「クラスのほかの子どもの連絡先を教えてほしい」と頼まれた …… 154

そのほかの「あるあるトラブル」

(73) 「下校中の子どもの声がうるさい」と連絡が入る …… 156
(74) 「子どもが家の敷地内に入って遊んでいて困る」という連絡が入る …… 158
(75) 運動会の練習をしていたら、「騒音だ」とクレームが入ってしまった …… 160
(76) 校地の樹木が「自宅にはみ出して迷惑だ」と言われてしまった …… 162
(77) 非通知の苦情電話がかかってきた …… 164

おわりに …… 166

教師の「あるあるトラブル」初期対応 ⑦⑦

主な登場人物

元気でやんちゃ　担任　お調子者
甘えん坊　しっかり者　のんびり

● 低学年学級 ●

活発で運動できる　担任　お調子者
オシャレでミーハー　委員長タイプ　大人しい

● 高学年学級 ●

朝、教室に子どもがほとんどいなかった

　朝、教室に行くと登校している子どもが少なく、ガラーンとした状態でした。教室にいない子どもたちの多くは、欠席しているようです。

なんでこんなに欠席者が？
どうしよう……、授業時間も近付いている！

あなたならどうする

欠席者の氏名とその理由、そして人数を表にまとめましょう

　登校している子どもは席に着かせ、欠席者が誰なのかを視覚的に確認します。その上で、空席の子どもの名前と欠席理由を一人ひとり確認し、欠席者名とその理由を表にまとめます。場合によっては登校している子どもの体温も測りましょう。

心くばりもわすれずに

　インフルエンザやノロウイルス等の感染による欠席かもしれません。欠席理由は、あなたが用紙にメモをしながら確認し、出席者にも心くばりを。

NG 対応

　慌てて職員室に報告するのではなく、まずは、具体的に欠席者数とその理由を確認します。登校している子どもたちは、教室から出しません。

教室が散らかっていて汚い

ティッシュやプリント、鉛筆や水筒などが教室の床に落ちたまま。ゴミだらけで汚い教室。そんな状態に子どもたちは目も向けず、勝手なことをしています。

「ガミガミ」と叱って、「ゴミゴミ」の教室をきれいに……？

あなたならどうする

これが大事!!

30秒間でゴミを1人3つ拾いましょう

（この行の横、右端）

子ども

　マグネット式キッチンタイマーを黒板に貼り、「30秒間で、1人3つゴミを拾いましょう」と指示を出します。3つ以上拾ってくれた子がいたら、大げさに「ありがとう！」と声をかけます。あなたの「ありがとう」シャワーが子どもの心に火をつけます（シャワーなのに火がつくのです！）。

心くばりもわすれずに

　ゴミや落とし物を拾うのは子どもですが、もちろん教師であるあなたも一緒に拾いましょう。あなたの姿が、子どもたちには最高の教科書です。

NG対応

　子どもに指示を出して、教師であるあなたが腕組みをしていたり、イスに座って見ていたりすることは避けましょう。説得力がガタ落ちです。

15

「トイレにうんちがある！」と 子どもたちが大騒ぎ！

　トイレで流していないうんちを子どもが見つけて大騒ぎをしています。トイレはうんちの臭いで充満しています。トイレの中は、うんちと悪臭のダブルパンチです。

 急いで処理？　子どもに任せる？

あなたならどうする

騒ぎの元は、「臭い」！
まず、換気で「臭い」の軽減を

なによりもまず、換気をしましょう。男子トイレ、女子トイレの窓を開放し、換気扇も回します。できれば、通気を良くするために、近くの教室と廊下の窓も全開にします。臭いがある程度収まれば、騒ぎも収まります。うんちの処理は、それからでも遅くありません。

子ども

心くばりもわすれずに

トイレへの立ち入りは教師だけで行います。子どもが現場を見ることで、「誰が」という意識が働きます。粛々と対応し、余計な子どもからの質問には答えません。

ここがポイント！

うんちの流し忘れは「トイレあるある」です。職員室から教室に向かう時には、意図的にトイレの臭いを確認しながら向かいましょう。臭いで存在を確信できます。

子どもを叱ったら大声で泣き出してしまった

　授業中、子どもが授業とは関係ないことや授業を邪魔するような発言をしました。あなたが、その行為を厳しく叱ると隣のクラスにも聞こえるような大きな声で泣き出しました。

ここが
分かれ目

泣いてる子に教師の声かけ……。
効果は期待できそうにありません……。

あなたならどうする

泣き止むまで待ちましょう

　泣いている子は、何かを訴えようとしています。その多くが、自分の置かれている状況や気持ちを聞いてほしいのです。「落ち着いたら話を聞くね」と声をかけて授業を進めましょう。この冷静な行為でクラスの子どもも落ち着きます。15分もすれば、多くの場合は泣き止みます。

心くばりもわすれずに

　泣いている子に、教師がしつこく声かけをしてもかえって大声で泣き始めます。すると、ほかの子どもたちの関心が泣いているその子に集まってしまいます。

NG対応

　泣いている子とあなたで教室または別室での話し合いを始めると、ほかの子どもを動揺させる原因になります。その場で無理に泣き止まそうとしなくても良いのです。

あるある
トラブル
5

子どもが転んで、
おでこにたんこぶができてしまった

子どもが休み時間に教室で走り回っていたところ、誤って転んでしまい床に頭を強打しました。みると、おでこに大きなたんこぶができていました。

ここが
分かれ目

泣き叫ぶ子どもを慰めようか？
たんこぶの心配をしようか？

あなたならどうする

たんこぶの正式名称は「皮下血腫」です

たんこぶは、打撲により皮膚の下に血がうっ血し、血腫となったものです。直ちに、ハンカチ等で患部を冷やします。今回は、首から上の皮下血腫です。子どもはその場から動かさず、養護教諭に診察をしてもらい、保護者に連絡後、脳外科での受診を勧めましょう。

子ども

心くばりもわすれずに

怪我により泣き叫ぶ子どもも、治療により痛みと動揺が収まれば落ち着きます。首から上の怪我は、必ずその場で保護者に一報を入れると保護者も安心します。

NG 対応

たんこぶ＝冷やしておけば大丈夫という楽観的な判断は禁物です。首から上の怪我、特に頭部の怪我は時間が経ってから症状が出ることが多く、ケガのトラブルNo.1です。

子どもがふざけていて、
花瓶を割ってしまった

　休み時間に教室から、ガチャーンという大きな音がしました。なんと子どもがふざけていて、教室の花瓶を割ってしまいました。ガラスの破片が床に散らばっています。

 ここが
分かれ目

誰が割ってしまったのか？　その理由は？

あなたならどうする

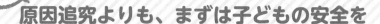

これが大事!! 原因追究よりも、まずは子どもの安全を

　子どもの怪我の有無を確認した上で、次に割れたガラスの状態を確認し、割れたガラスの近くから遠ざけます。ガラスの始末は軍手を使って行い、片付け中の怪我にも気を付けます。最後に、掃除機で破片を吸い取り、ガラスの破片を完全に取り除きます。

心くばりもわすれずに

　ガラスを割ってしまった子どもの指導も大切ですが、第一は割ってしまった子どもと周りにいた子どもの安全の確認が最優先です。

NG対応

　ガラスの破片は目に見えにくく、体内に入った場合、危険な状況になることがあります。安易に雑巾等で片付けたり、ほうきで掃いたりすることのないよう注意が必要です。

折り紙のプレゼントにうまく反応できず、悲しませてしまった

　子どもが「先生へのプレゼント」と言って、自分で折った折り紙を渡してくれました。しかし、ほかのことに気をとられ、うまく反応できなかったため、子どもが落ち込んでしまいました。

 ここが分かれ目

落ち込んでいる子どもに気づいた時……

あなたならどうする

落ち込んでいる子どもには特別待遇で対応しましょう

ついうっかり気がつかないということは誰にでもあります。大人にとっては1つの折り紙ですが、子どもにとっては心のこもった大切なプレゼントです。「気がつかなくてごめんね」と正直に謝罪するとともに、目を見て最高の笑顔で「ありがとう。先生の宝物だよ」と伝えましょう。

子ども

心くばりもわすれずに

子どもからの手作りのプレゼントは、あなたにとって最高のプレゼントです。お礼は、「ありがとう」と最高の笑顔で。子どもにとっては、心のプレゼントになるはずです。

予防法

あなたは、子どもにとってかけがえのない大人の1人です。折り紙などの子どもからの手作りのプレゼントは、教室に「先生の宝物コーナー」を作り、大切に飾りましょう。

子どもが日直当番の仕事を
やり忘れてしまった

　日直当番は、朝、教室の窓を開けることになっています。しかし、今日の当番の子どもは元気いっぱいで、仕事を忘れて運動場に遊びに行ってしまいました。

ここが
分かれ目

「どうして忘れたの？」「前回も今回も！」
心の中には、つい怒りが……

あなたならどうする

あなたも子どもも呼吸が整ったら
2人で話をします

　運動場から戻ってきた子どもの呼吸と、あなたの気持ちが整ったら2人で話をします。内容は「忘れてしまった理由」と「みんなの気持ち」、そして、当番を忘れた子どもを見ている「あなたの気持ち」です。あなたはゆっくりと優しく語り掛け、子どもの思いを引き出し、次への頑張りにつなげます。

心くばりもわすれずに

　子どもへのあなたの指導を学級の子どもは見守っています。次の頑張りにつなげるため、「この後の仕事、頑張ってね。応援するよ」と声をかけます。

NG 対応

　過去の失敗や友達、兄弟と比べたりすることは NG です。あくまでも今回の失敗について話します。感情は抑え、笑顔で伝えましょう。

子どもが「自分の持ち物がなくなった！」 と訴えてきた

　子どもが筆箱がなくなっていることを、あなたに伝えてきました。午前中には確かにあったということです。下校時間が迫ってきています。

 どこかに置き忘れたの？　落としたの？
それとも……？

あなたならどうする

その場で5分間、クラスのみんなで
探しましょう

まずは、なくした筆箱の大きさ、形、色をクラスのみんなに伝えます。その上で、みんなで5分間探しましょう。教室、廊下、下駄箱など、ありそうなところをそれぞれの動きで探します。教師は、学校の落とし物コーナーにないかも確認します。見つからない場合は、早い段階で保護者に一報を入れます。

心くばりもわすれずに

子どもから訴えがあった時には、その場でみんなで探します。迅速な対応が、信頼につながり、トラブルの連鎖を防げます。見つからない場合は保護者へ連絡しましょう。

NG 対応

「置き忘れに決まっている」「自分で探してみて」など、みんなで探すことをしないと、子どもと保護者は「隠されたのでは？」と疑うようになり、新たなトラブルの原因に。

子どもが家族旅行のお土産を
学校に持ってきた

　子どもが家族旅行のお土産としてお菓子を持ってきました。
そして、「クラスのみんなに1つずつ配ってもいいですか」と
聞いてきました。

ここが
分かれ目

「おいしそうなお菓子、みんなで食べたいな……」
と笑顔の子どもたち。

あなたならどうする

給食と調理実習以外では食べさせない

子ども

一昔前の教室では、「みんなのために○○さんがお土産を持ってきてくれました。いただきましょう」という風景がありました。しかし、お菓子にはナッツや卵などの食物アレルゲンが含まれている可能性があります。命に関わることもあるので、お土産のお菓子は受け取らないのが原則です。

心くばりもわすれずに

保護者や子どもは、クラスのみんなのことを思ってお土産を持って来ています。まずは、お土産を持って来てくれたその気持ちと行為に感謝の言葉をかけましょう。

NG対応

食物アレルギーを考えずに、その場でお菓子を配り、子どもたちに食べさせてはいけません。学校で子どもが食べるのは給食と調理実習が基本です。

31

教室の冷房がききすぎて、 子どもが風邪をひいてしまった

子どもの熱中症対策で、学校にエアコンが設置されました。エアコンの設置により、快適な環境で授業が進んでいますが、寒すぎて風邪を引いてしまった子どもがいます。

ここが
分かれ目
エアコン設置で、教室環境も改善。 子どもたちはもちろん大喜び？

あなたならどうする

子どもに体感を尋ねて エアコンの設定温度を再確認

　教室のエアコン環境は、場所によって大きく異なります。また、子どもによって体感温度が異なります。まずは、設定温度や風向きを調整し、寒さを訴えている児童には、上着を着せたり、席を移動させたりと配慮をします。また、扇風機を使い、教室内の温度が一定になるような工夫もします。

心くばりもわすれずに

　暑い、寒いという体験温度には個人差、性別差があります。あなたの感覚ではなく、学習の主体者である子どもたちへの「寒くないですか？」の一言が大切です。

NG 対応

　暑い、寒いは感覚的に捉えるのではなく、教室内の温度計を参考にします。また、体育の授業の後など、子どもの服が汗でぬれている時には特に注意が必要です。

子どもが突然とびかかってきて、腰をひねってしまった

　廊下を歩いていると、突然、クラスの子どもがとびかかってきました。あまりに突然のことで、腰を軽くひねってしまいました。日頃から、腰痛があり、ひどくなりそうです。

ここが
分かれ目

**腰が！！　腰痛もちのあなた。
痛みは我慢しますか？**

あなたならどうする

腰痛は、教師の職業病の一つ！
しっかり治しましょう

デスクワークの増加に伴い、教師の腰痛も増えています。今や腰痛は教師の職業病の1つです。飛び掛かってきた子に悪意はありません。まずは、あなたの腰の状態を確認し、思い切ってその日のうちに整形外科を受診しましょう。整形外科関係の病気は、その日のうちの治療が重要です。

心くばりもわすれずに

子どもが飛びかかってきたのは、あなたへの親しみによるものです。その場は「大丈夫だよ」と声かけをして、子どもをサポートしましょう。

予防策

腰痛は、腰周りの筋肉のケアで改善することができます。仕事の合間に腰まわりのストレッチを行い、腰回りの筋肉増強と柔軟を図りましょう。

子どもの作品に落書きがされていた

　廊下に掲示してある子どもの作品に落書きを見つけてしまいました。落書きの内容も心が痛くなるような内容です。しかも、落書きされているのは 1 つだけです。

ここが
分かれ目

落書きを消す？　誰がやったのかを調べる？

あなたならどうする

記憶より記録！　犯人捜しは二の次です

　落書きが書いてある作品を外し、多くの子どもたちの目にふれないようにします。ものさしを添えて大きさが分かるように写真撮影をして記録します。その上で、できるだけ早く落書きを消しましょう。

子ども

心くばりもわすれずに

　落書きをした子どもの心の荒れも心配ですが、一番は落書きをされた子どもの心の傷の心配です。そのためには、多くの子どもたちの目にふれさせない心くばりが必要です。

ここがポイント！

　落書きは、心の荒れのサインの一つです。今後の指導に生かすため、筆跡、形、色、大きさをものさしを当てて、写真に撮り正確に記録しておきましょう。

給食の時間に子どもが
ふざけて立ち歩いてしまう

　給食の時間になりました。「いただきます」をして子どもたち
は給食を食べ始めます。しかし、ふざけて歩きながらパンを食
べている子がいます。

ここが
分かれ目

「給食（食事）は、座って食べる」は
マナーなのに！

あなたならどうする

ふざけてしまう子と一緒に
給食を食べましょう

　歩きながらパンを食べるのは、「自分を見て」アピールかもしれません。厳しく叱っても逆効果。あなたが、子どもの席に行って一緒に給食を食べましょう。給食の時間は、気持ちが開放されています。ゲームやテレビなどの話をして盛り上がれば、自然と落ち着いて食事をとるようになります。

心くばりもわすれずに

　特別な支援が必要な子どももいます。子どもの特性をしっかり把握して、子ども一人ひとりに応じた対応をしましょう。ただ叱るだけでは、変わりません。

NG 対応

　楽しい給食の時間です。立ち歩いている子どもを厳しく叱ってもクラスの雰囲気を壊してしまいます。指導する場合には、1 分以内で行います。

お弁当持ちの日に
お弁当を忘れた子どもがいる

今日は、給食がなく、お弁当持ちの日です。教室に行くと、女の子が泣いています。話を聞くとお弁当を持ってくるのを忘れてしまったようです。

思わず「なんで忘れたの！？」と
言いたくなる状況ですが……。

あなたならどうする

叱るより、まずはお弁当の
有無の確認を！

どうしてお弁当を忘れたかという理由を聞いても解決にはなりません。まずは、子どもたちを席に着かせて、自分のお弁当を机の上に出させましょう。誰が忘れたのかをあなた自身が目で確認し、忘れた子どもを連れて、保護者に電話連絡をします。

心くばりもわすれずに

お弁当を忘れたことは、子どもにとって一大事です。忘れ物は誰でもしてしまうことを子どもたちに話してから、保護者に連絡を入れましょう。

NG 対応

「どうして忘れたの？」と聞いて子どもを問い詰めても解決しません。お便り等で連絡してあるはずですので、責任は保護者にあることを前提に対応します。

給食の時間、1人で4人分のプリンを
食べている子がいる

　給食の時間、この日のデザートは子どもたちが大好きなプリン。ある男の子が、1人で4人分のプリンを食べています。このクラスには、食物アレルギーの子どもはいません。

ここが
分かれ目

食いしん坊だから仕方ない？　笑い話の1つ？

あなたならどうする

食べ物には、子どもたち同士の 見えない力が働く場合があります

プリンが苦手な子はいるでしょう。もらう子をじゃんけんで決めたり、いらない子から直接もらったりする子もいるはずです。それでも1人4つは不自然です。教師の見ている前で、再度、じゃんけんをさせて公平に決めます。

心くばりもわすれずに

給食の時間は子どもの人間関係が表れやすい時間です。食べ物の恨みは怖いです。もらったのか、とったのか、押し付けられたのか、教師がきちんと確認します。

NG対応

いじめは、どこでも誰にでもいつでも起こります。特に、食べるという行為には表れやすいです。給食（食事）の配膳状態を見ないで「いただきます」はNG。

勘違いをして、子どもを叱ってしまった

　掃除が終わったはずなのに、教室は汚いまま。原因は、1人の子どもにあるのだと思い込み、話も聞かずに叱ってしまいました。しかし、どうやら原因はその子ではないようです。

ここが分かれ目

誰にでも間違いはあります。
教師であるあなたでも……。

あなたならどうする

まずは謝罪し、その後子どもが
納得するまで2人で話しましょう

まずはその場で、あなたの思い込みと、事情を聞かずに叱ってしまった行為をしっかり謝りましょう。その上で、空き教室等に移動して、子どもの気持ちと話を聞きます。大切なことは子どもが納得するかです。

子ども

心くばりもわすれずに

子どもの立場と気持ちを考え、周りに子どもたちがいない場所で子どもと2人で話をします。子どもを納得させた上で、午前中ならば給食前に保護者に一報を入れます。

NG対応

相手が子どもであっても言い訳と謝罪の先延ばしは厳禁です。

教師であるあなたが誠意をもって謝罪する姿が大切です。

教室に蜂が入ってきて、子どもたちが大騒ぎ

授業中、教室の窓から蜂が入ってきました。子どもたちは、刺されはしないかと大騒ぎ。その間にも蜂は教室の中を飛び回っています。

ここが
分かれ目　　**一緒に騒ぐ？　とにかく逃げる？**

あなたならどうする

子どもたちを教室から
廊下に避難させ、駆除をします

子どもたちを教室から静かに廊下に避難させます。その際、教室の電気を切り、蜂を窓際に誘導します。その後、ほかの教師に駆除要請をし、駆除には蜂専用の駆除スプレーを使います。

心くばりもわすれずに

蜂毒アレルギーが心配です。子どもたちの安全確保と不安払拭のために、教師は子どもの元を離れず、駆除はほかの教師が行います。

ここがポイント！

蜂毒アレルギーの代表は、アシナガバチ、スズメバチ、ミツバチ。症状は、次の３つ。①全身のじんましん、②呼吸困難、③意識喪失。これらの症状が出たら、迷わず救急車の要請を。

教室で飼っていた金魚が死んでしまった

　朝、子どもたちが登校すると教室で飼っていた金魚が死んでいました。金魚は水の上に浮いていて、死んでから時間が経っていたため、水も汚れ、臭いもありました。

「かわいそう」と言う子ども。
でも、臭うし、さわれません……。

あなたならどうする

子どもだけでは対応できません！
今こそ教師の出番！

　金魚のお墓を作ろうと思っても、子どもだけではできません。ティッシュに金魚の死骸を包んで、あなたが子どもと一緒にお墓を作りましょう。水槽の水も臭いがあり、重くて誤ってこぼすなどすると大変です。対応は、教師が行い、子どもたちは見守る方が良いでしょう。

子ども

心くばりもわすれずに

　教室での生き物の飼育は、生命の尊さを学ぶ最高の機会です。金魚の死骸を大切に扱うため、レンゲや容器で優しくすくって、ティッシュに包みましょう。

NG対応

　臭いもあり、死骸の対応は誰もが尻込みします。そのまま放置することで、いたみは激しくなります。その場で、あなたが迷わず対応しましょう。

校舎の警報器が大きな音で突然鳴り出した

　校舎内の警報器が「ビー、ビー」と大きな音で鳴り始めました。あまりにも大きな音で子どもたちは大騒ぎ。

ここが
分かれ目

火事？　不審者？　誤作動？
原因は一体なに！？

あなたならどうする

子どもを席に着かせ、
現在の安全確認をします

　警報が鳴った原因は、火災、不審者のほかに、誤作動、いたずらの可能性もあります。現場確認も大切ですが、子どもたちを席に着かせて、安全を確保します。その上で、指示があるまで静かに待つように話をします。動揺した子どもにはその子の手を握り、心を落ち着かせます。

心くばりもわすれずに

　変化に弱い子、大きな音に反応する子など、子どもたちの特性に合わせて、手を握る、寄り添うなどして、子どものケアをします。

NG対応

　真っ先に現場に向かう時には、子どもが安心できる指示を忘れずに。子どもが慌てると、ほかのトラブルにつながりかねません。

下校時に突然、雷が鳴り出した

　子どもたちの下校時間が近付いてきました。すると、ピカッ！ ゴロゴロゴロと雷の音が聞こえてきました。子どもたちは教室 で大騒ぎしています。

 稲妻と雷の音。雨が降っていないから安心……？

あなたならどうする

ゴロゴロという雷の音！
そのまま下校させては危険です

雷の兆候は、冷たい風、黒い雲、いつもと違う風向きです。雷で危険なのは落雷です。子どもたちを教室に待機させましょう。そして、雷のゴロゴロという音が30分しなければ安全だと判断して、子どもたちを下校させます。

心くばりもわすれずに

落雷の危険があるため、学校で待機をすることを校内放送で子どもたちに伝えるとともに、保護者と見守り隊にも伝えましょう。子どもの安全を願っている方がたくさんいます。

NG 対応

雷雨や雷雲が出てきたからといって、傘を差してはいけません。また、落雷の被害は1年を通して発生しています。冬でも、冬だからといって安心は禁物です。

運動場に鳥の死骸があった

運動場に鳩の死骸がありました。死んでからほかの鳥に食べられたのか、内臓も出ています。子どもたちは悲鳴を上げています。

ここが分かれ目

子どもの叫び声に慌ててしまいますが……。

あなたならどうする

子どもたちを現場から離し、教師が片付けます

子どもたちがこれ以上鳥の死骸を目にしないよう、子どもたちを教室に向かわせます。教師は、マスク、手袋をして死骸をビニール袋に入れて二重にして廃棄します。地面には消毒液をまいて消毒します。

子ども

心くばりもわすれずに

　鳥の死骸を見ただけで気分が悪くなる子もいます。寄生虫、ウイルスなどの危険もあるため、触った子がいないかも確認しましょう。

NG対応

　死骸を穴を掘って埋めるのではなく、ビニールに入れて燃えるゴミとして出します。
　サギなどの大きな鳥の場合には、保健所への通報も考えましょう。

学級会の話し合いがスムーズに進まない

学級会の授業が始まりました。議題は「運動会のスローガンを決めよう」です。しかし、発表する子どもがおらず、司会の子どもも困っています。

**ここが
分かれ目**

「どうして発表しないんだろう？」教師の出番？
それとも待つ？

あなたならどうする

子どもたちも困っています！
一度話し合いをストップして確認します

「発表しない」のではなく「発表できない」と捉え、話し合いを一度ストップさせます。そして、教師は笑顔で司会者に「先生が少しサポートして良いかな？」と声をかけて司会の代理を務めましょう。議題を説明し、整理することで話し合いは進んでいくでしょう。

心くばりもわすれずに

話し合いが進まないことで一番困っているのは司会者です。必ず司会者に了承をとり、サポートしましょう。そして学級会後には、ねぎらいの言葉をかけます。

NG対応

発表しない子や司会者を叱っても解決しません。かえって授業の雰囲気が悪くなってしまいます。また、教師の出過ぎにも注意が必要です。主役は子どもであることを忘れずに。

ピアノの伴奏希望者が多すぎて
選考に迷ってしまう

　卒業式などの学校行事に向けて、子どもたちの役割を決めることになりました。ピアノ伴奏の希望者が演奏する曲数より多く、希望者全員が演奏することができません。

伴奏希望者が多いのは嬉しいことですが……。

あなたならどうする

演奏場面の工夫と選考会で、子どもたちの活躍の場をつくります

　卒業式などの学校行事では、ピアノの演奏者を子どもたちから募ります。希望者数に合わせて曲数を決めていないので、まずは演奏場面を工夫することを考えます。その上で、校内の音楽専門の教師の同席の下、選考会で決めます。その際、希望者の保護者には現状と選考の意図を伝えておきます。

心くばりもわすれずに

　ピアノの演奏を希望する子どもは、ピアノ教室等で習っていることが多いです。保護者も子どもも活躍の場を期待しています。学校の工夫と公平性を忘れずに対応します。

NG 対応

　初めから参加できない子どもが出てしまうことを前提に選考を実施することは避け、学校として工夫できることを最初に考えるように心がけます。

授業参観で子どもがそわそわして 落ち着かない

まもなく授業参観が始まります。保護者がぞくぞくと教室に入ってきます。子どもたちは後ろを向いたり、手を振ったりとそわそわして落ち着きません。

**ここが
分かれ目**

**授業参観日は、子どもたちはいつもと違って
ハイテンション！**

あなたならどうする

子どもと保護者の
顔合わせタイムで、子どもは満足！

授業参観の授業が始まる前に、子どもと保護者の顔合わせタイムを10秒ほどとります。我が子を見つけて手を振る保護者、うれしそうに手をあげてアピールする子、「○○さんのお母さんだ！」と言う子。これだけで子どもたちは落ち着いて授業に取り組むようになります。

子ども

心くばりもわすれずに

授業参観日とは言っても、家庭の事情で来校できない保護者もいます。さらっと10秒ほどの時間で終了し、保護者が来校できなかった子どもにも配慮しましょう。

NG対応

落ち着かせたり、静かにさせたりするために、注意や指示を繰り返しても変化は期待できません。まずは、保護者を見つけたいという子どもの気持ちに着目しましょう。

子どもから、ほかの先生の不満を言われた

　教室から職員室へ歩いていると、隣のクラスの女の子に呼び止められました。すると、女の子から担任の先生の不満を聞かされました。

ここが
分かれ目

**子どもの立場？　先生の立場？
それぞれに言い分はあります。**

あなたならどうする

教室や廊下から、別室に移動して 話を聞きます

　呼び止められた廊下から、落ち着いて話を聞くことができるように別室に移動します。別室では、子どもの了解を得て、子どもが不満に思っていることをメモします。その際、話を聞いてほしいだけなのか、解決してほしいのかを確認しましょう。

心くばりもわすれずに

　子どもにとって不満を訴えることは、勇気が必要なことです。「話をしてくれてありがとう」「力になるよ」という声かけで、子どもの気持ちをほぐしましょう。

NG 対応

　先生をかばったり、子どもを説教したりして「指導の場」とすることは避け、中立的な立場で話を聞きます。

「子どもの荷物が多くて、大変そう」
と保護者からの連絡があった

　「ランドセルのほかに絵の具や体操着、リコーダーと子どもの荷物が多くて、大変でかわいそう」という保護者からの連絡がありました。

ここが
分かれ目

「置き勉はダメ！」は昔の常識！？

あなたならどうする

その日の帰りから置き勉にし、通学荷物の軽量化へ

文部科学省からも置き勉奨励の通知が出されています。社会や理科、体育や図工などの教科書は置き勉対象になりやすい教科です。その日の帰りから置き勉について子どもたちに改めて説明して、登下校の荷物の軽量を図ります。

心くばりもわすれずに

どの教科の何を置き勉とするのかをしっかりと子どもたちに伝えましょう。共通化を図らないと困るのは子どもたちです。

教育法規をチェック！

文部科学省は2018年9月6日、教科書や道具類などの荷物を学校に置いておく、いわゆる「置き勉」を認めるよう、全国の教育委員会などに通知しました。

苦手なタイプの子が学級にいて、上手に接することができない

クラスにはたくさんの子どもがいます。しかし、ある男の子とは気が合わないのか、普通に話をしても返事もしない、注意するとすぐに言い訳をするなど上手に接することができません。

ここが
分かれ目

苦手なタイプの子どもには、接すれば接するほど悪循環……？

あなたならどうする

苦手だからこそ、一緒に活動する時間をつくりましょう

　苦手意識は伝染します。理屈抜きに一緒に活動するようにしましょう。例えば、給食時間は子どもと一緒に輪番制で食べたり、昼休みはあなたも一緒に運動場で汗をかいて遊んだりしましょう。一緒に食事（給食）をし、汗をかいて遊ぶことで心も体も開放されます。

心くばりもわすれずに

　昼休みのクラス遊びは、あなたからの提案でも構いません。子どもが自主的に提案するのはほとんどありません。あなたからの提案で、まずはあなたが変わることから始めます。

NG 対応

　苦手なタイプの子どもに対して妙に気を回したり、避けたりすると周りの子どももそのことに気付きます。それが、新たな問題に発展する可能性もあります。

保護者に学校からのお便りを見せず、
連絡が行き届かない

　学校から授業参観や社会見学のお知らせ、学年便りなどのお便りが配られます。しかし、ある保護者から「お便りが全く届かないのですが……」という連絡がありました。

**ここが
分かれ目**

**お便りは、配布したら保護者に届くと
思っていたのに……。**

あなたならどうする

「超重要なお便りだよ」と
子どもの目を見て手渡します

　まず、保護者に連絡を入れて、お便りが届かない現状を伝えます。次に、お便りを子どもに渡した時に電話連絡を入れるようにします。その上で、子どもには「超重要なお便りだよ」と目を見ながら伝えて、手渡します。大切なことは、あなたと保護者が連携し、子どもに対応することです。

子ども

心くばりもわすれずに

　子どもが保護者にお便りを渡し忘れるのは意図的ではありません。忘れてしまったことに着目するのではなく、渡せたことを価値付ける対応にしましょう。

NG対応

　母親も子どもを叱り、あなたも子どもを叱っては、子どもの立場がありません。保護者とあなたの連携が鍵になります。

下校時に突然の雨！
傘を持っていない子どもがいる

　朝は晴れていたのに下校時に突然の雨。置き傘をしていない子、傘を持ってこなかった子が困っています。走って帰るか悩んでいる子もいます。

 ここが分かれ目　学校の予備の傘を貸しますか？
見て見ぬ振りをしますか？

あなたならどうする

全員分はなくても傘を貸すことで、子どもの安全を確保できます

　天気予報の精度が上がり、傘を持ってこない子は少なくなりました。学校保管の傘の数を確認して、担任であるあなたが手渡しで傘を貸し出します。その際、傘を一度開いてみて、使えるかどうかを確認します。

子ども

心くばりもわすれずに

　貸し出す時には、担任であるあなたが子どもに対応し、貸し出しの確認をします。また、傘を一度開いてみて故障の有無を点検すると子どもも安心します。

NG 対応

　保管傘の貸し出しを渋った場合に起きそうな、下校時の交通事故、子どもの怪我、保護者からの苦情等、二次的な問題を想定して判断しましょう。

「荷物を取り違えて帰ってきてしまった」 と連絡が入る

　放課後、保護者から「自分の子どもがクラスの友達の荷物を間違えて持って帰ってきてしまった。どうしたら良いでしょうか？」という連絡が入りました。

ここが
分かれ目

できれば今日中に
本人に荷物を返してあげたいな……。

あなたならどうする

感謝の言葉を添えて、先方との連絡方法を伝えます

連絡をくださったことへの感謝の言葉をかけます。そして、「誰の」「どの荷物」かを確認して、先方にあなたが連絡を入れます。先方の了承の上、連絡先を保護者に伝え、その後の荷物の受け渡しは保護者同士に任せます。その際、受け渡しが終了したら一報を入れるようお願いしておくとよいでしょう。

子ども

心くばりもわすれずに

荷物の間違いを連絡してくださったことに、まずは感謝の言葉かけを。連絡がない時には、持ち帰られた保護者から問い合わせの連絡が来てしまいます。

NG 対応

家庭での問題と判断し、保護者同士に任せるのではなく、保護者同士の橋渡し役として対応しましょう。

授業中、誰も発表しようとしない

　国語の授業が始まりました。しかし、教師の発問に誰も発表しようとしません。このままでは授業が進みません。算数の授業でも、子どもたちは発表しようとしません。

ここが
分かれ目

発表しないのは、子どもの責任？　教師の責任？

あなたならどうする

これが
大事!!

発問を「見て分かること」や「AかBか」に切り替え、工夫します

子どもたちが発表しない大きな要因は、「発問が難しい」「発問自体の意味が不明瞭」であることが多いです。そこで、発問を「見て分かること」や「AかBか」で答えられる内容にするなど視点を変えて対応しましょう。また、ネームシールを使って、自分の考えを視覚化することも効果的です。

心くばりもわすれずに

「発表しない」理由を問うのではなく、「発表できない理由」を問いかけることで、あなたと子どもの視線が同じになります。

NG 対応

「発表しないことが悪いこと」と決め付けないようにしましょう。この決め付けは、自然と子どもたちに伝わっていきます。

教室で突然、子どもが嘔吐をしてしまった

　教室で子どもが突然、嘔吐をしてしまいました。床には嘔吐物が散乱し、子どもたちは大騒ぎ。嘔吐した子は、びっくりして泣いています。

ここが
分かれ目

嘔吐物……。1人では処理できないから助けを呼ぶ？

あなたならどうする

子どもたちを廊下に移動させ、その上で救助要請をしましょう

まずは子どもたちを廊下に移動させ、教室の窓を開放して換気します。その上で、子どもにほかの職員を呼んでくるように依頼します。処理には、嘔吐セットを利用し、マスク、ゴム手袋、消毒液、ビニール袋、新聞紙等を使い、感染を防ぎます。嘔吐した子は、服の汚れを取り、保健室に移動させます。

子ども

嘔吐セットで対応!!
マスク
新聞紙とビニール袋
大丈夫？保健室に行こうね
ゴム手袋　消毒液

心くばりもわすれずに

嘔吐した子は、嘔吐した行為よりもその様子をみんなに見られてしまったことにショックを受けます。できるだけ目撃者を減らす工夫を。

NG 対応

食べ過ぎと決め付けず、ノロウイルス、ロタウイルスを疑い、感染を防ぐために換気、処理、消毒、廃棄まで慎重に行います。

子どもが教室でおもらしをしてしまった

　授業中、しくしくと泣き出している子どもがいます。よく見ると床に水たまりができています。水たまりの正体はおもらしということが分かりました。

ここが分かれ目

おもらしの処理を先に？　子どもの対応を先に？　どっち！？

あなたならどうする

おもらしの水たまりは、水に流してあげましょう

床のおもらしは、多めの雑巾かティッシュでさっとさりげなく拭き取りましょう。拭き取った雑巾はビニール袋に入れて処理をします。そのあと、子どもたちに5分でできる自習内容の指示をして、子どもを保健室に連れていき、対応を保健室の先生に依頼します。教室では消毒スプレーで消毒を行います。

子ども

心くばりもわすれずに

おもらしほど、恥ずかしく、いじめの対象になる事件はありません。教師のさりげない素早い対応が子どもを守り、心の傷を防ぐことになります。

NG対応

対応のため、その場をあなたは離れてはいけません。おもらしが大の時には、まず子どもたちをその場から離します。その場に誰を残すかが鍵となります。

子どもが授業中、鼻血を出してしまった

　教室で授業をしていると、子どもが鼻血を出してしまいました。血は口の周り、そして机の上まで流れています。子どもはビックリして泣き出しています。

ここが
分かれ目

子どもを寝かせる？　座らせる？
そのままにする？

あなたならどうする

座ったまま、ティッシュで止血を行います

　子どもを座らせて、ティッシュで鼻を押さえて止血します。鼻血は血液です。処理する場合には、多めのティッシュを使うか、ゴム手袋を使って血液が手に付かないように気を付けましょう。また、処理したティッシュはビニール袋に入れますが、その際に血液が外側から見えないようにします。

心くばりもわすれずに

　鼻血は血液です。血管迷走神経反射（血を見て倒れる・立ちくらみ）をする子どももいます。素早く鼻をティッシュで押さえ、流れ出た鼻血を処理します。

NG 対応

　鼻血が出た子どもを保健室に連れて行ったり、あなたが教室を離れたりしてはいけません。
　血液の赤は、子どもたちの気持ちを高め、興奮状態にします。

子ども

体育の授業中、
子どもが足首をひねってしまった

　運動場で体育の授業をしていたところ、子どもが転んで足首
をひねってしまいました。子どもは痛さのあまり、起き上がる
ことができません。

ここが
分かれ目

たかが捻挫と思いますか？
いや、もしかして、骨折かも！？

あなたならどうする

患部の腫れの有無を確認し、
動けない時には担架を使います

　患部の腫れの有無、変形、その程度を確認します。骨に異常がある場合（剥離骨折等）には、腫れが出てきます。子どもを動かさず、担架を使い、保健室に運び、病院で受診します。変形がある場合には、迷わず救急車を呼んで、病院で受診します。

大丈夫だよ

心くばりもわすれずに

　打撲、ひねりなどの整形外科に関わる怪我は、時間が経つと痛みと腫れが激しくなります。慎重な対応と保護者への一報を忘れずに行います。

NG 対応

　この程度なら大丈夫という素人判断は禁物です。怪我には、骨折、捻挫、脱臼などさまざまな程度があります。

まだ授業が終わらないのに、
チャイムが鳴ってしまった

予定していた授業内容がまだ終わっていないのに、授業終了の時刻になってしまいました。あと少しで予定の範囲が終わりそうです。

 ここが
分かれ目

授業のまとめをしたいけれど、
終了時間に間に合いません！

あなたならどうする

直ちに授業を終了して休み時間にします

授業のまとめまでしっかりとしたいという教師の気持ちは分かります。しかし、授業の主役は子どもです。休み時間は、トイレ休憩でもあります。直ちに授業を終了し、次の授業はその続きから始められるようにあなたが授業を工夫しましょう。仮に続けるならば、子どもに一声かけます。

心くばりもわすれずに

子どもにとってどんなにワクワクする授業であっても、休み時間はトイレ休憩でもあり、気分転換の時間でもあります。子ども目線で、まずは教師が時間を守りましょう。

NG 対応

授業が盛り上がっているから、ここはきちんと押さえて授業を終了したいという思いは、子どもの心と体には伝わりません。まずは、子ども第一で対応しましょう。

子ども

子どもが宿題の提出を忘れてしまった

　朝、子どもたちが教室に入ってきます。いつものようにかばんから荷物を机の中に移して、宿題を提出します。そんな中、友達と雑談にふけって宿題の提出を忘れてしまった子がいます。

 宿題を提出しなかったということは、宿題をやり忘れたということ？

あなたならどうする

やり忘れたのか？
提出し忘れたのか？　直ちに確認

　登校してきた子どもたちは大忙しです。鞄の整理、友達との雑談。1日のスタートです。叱ってもお互いに気分が悪くなるだけです。「出し忘れたのか？」「やり忘れたのか？」を確認し、個別の対応に努めます。

心くばりもわすれずに

　教師にとっては宿題をやってくる、やってこないは大問題です。しかし、子どもにとっては「忘れた」という1つの行為に過ぎません。決め付けは禁物です。

予防策

　一言で分かる宿題の出し方のルールをつくりましょう。例えば、漢字の練習・計算ドリル・本読み（読書）ならば「宿題3セット」とし1年間、継続します。

ほかのクラスと学習の進度に差が出てしまった

　ある時、子どもが「先生、隣のクラスの友達から、今勉強している内容は、かなり前に終わったって聞いたよ」と言ってきました。確認すると、学習進度に2単元分も差が出ていました。

ここが
分かれ目

ほかのクラスの進度が早いのか？
自分のクラスの進度が遅いのか？

あなたならどうする

学習進度に遅れがあった時には、2週間以内に修正します

年間指導計画で全教科の学習進度が早いか遅いかを確認します。そして、遅れがあった教科は、2週間で修正する計画を立てます。その際、遅れた原因が計画にあるのか、ある学習に時間を取りすぎたのかも含めて確認します。

子ども

心くばりもわすれずに

学習進度の遅れを伝えてくれた子どもには「ありがとう」の言葉を添えて、「計画を立て直して進めるから大丈夫だよ」と今後の対応も伝えましょう。子どもの安心が一番です。

NG対応

進度の遅れを修正するために、教えなくていけない内容や定着をおろそかにすることがないよう、細心の注意を払います。二次的な問題への発展を防ぎます。

授業中、間違った発言をした子どもが からかわれてしまった

授業中、子どもが間違った発言をしました。すると、それを聞いて「えー」「そんなことも分からないの?」とからかわれてしまいました。子どもは、それを聞いて泣いてしまいました。

ここが
分かれ目

「その言葉は絶対許せません」という、あなたの感情をぶつけても……。

あなたならどうする

その場で授業をストップ！
その行為・発言を指導します

　授業をその場でストップします。そして、からかいの発言をした子に「今の発言を聞いて、どんな気持ちになったか分かるかな？」と問い返します。本人に振り返らせた上で、からかいの言動は絶対に許さないことを伝えます。そして、今のからかいについて謝罪させ、お互いに納得させます。

心くばりもわすれずに

「からかいは絶対に許しません！」ということをゆっくりと強い口調で伝えます。3分以内で指導し、その後の授業の雰囲気に影響しないよう配慮します。

NG 対応

「どうしてそんなことを言ったの？」等、からかいの理由を争点にしてはいけません。また、感情的に叱っても子どもには負の感情しか残りません。

子どもが授業で使っていた
タブレット型端末を床に落としてしまった

　授業中、調べ学習をしていた時、子どもが誤ってタブレット型端末を床に落としてしまい、画面にひびが入ってしまいました。見ていた子どもたちは大騒ぎをしています。

ここが
分かれ目

タブレット型端末1台数万円！
最近やっと購入できたのに……。

あなたならどうする

まず、子どもの怪我の確認を!

高価で最近購入したばかりのタブレット型端末。画面にひびが入ってしまったタブレット型端末は、その場では直りません。まずは、子どもが怪我をしていないかを確認しましょう。画面が破損して、破片でも怪我をしてしまうことがあります。

子ども

心くばりもわすれずに

タブレット型端末を落として破損=ふざけていて落とした、という思い込みは危険です。どんな状況でも、物より子ども。その心くばりが、あなたへの信頼につながります。

NG 対応

破損したタブレット型端末を見て、最初に破損した理由を聞いてはいけません。落とした時点で、子どもは大変なことをしてしまったという自覚があるはずです。

水泳の授業後、子どもが
「耳に水が入ってしまった」と訴えてきた

水泳の授業が終わりました。その時、子どもが「耳の中に水が入ってしまい、ゴロゴロと音がして、周りの音がよく聞こえない」と訴えてきました。

ここが
分かれ目

水泳の授業中、耳に水が入るのはよくあること？

あなたならどうする

「たかが耳の中に水！」と、
あなどるなかれ

　入学して初めての水泳の授業。水深も深くなり、経験の少ない子どもたちにとっては、耳に水が入った違和感は心配事です。水の入った耳を下にしてトントンと跳ねたり、耳を下にしてゴロゴロ転がったりすると水は抜けます。心配な子は保健室で様子を見て、保護者に一報を入れておくと安心です。

子ども

心くばりもわすれずに

　耳に水が入って中耳炎になることはほぼありません。しかし、手や綿棒で耳の中を引っかいたりすると炎症します。低学年の保護者には一報を入れておくと子どもも安心します。

NG 対応

　耳の中に水＝ほうっておいても大丈夫という決め付けは厳禁です。まずは、子どもの話を聞き、耳の状態を目で確認しましょう。怪我かもしれません。

あるある
トラブル
43

水泳の授業中、子どもが吐き気を訴え、ぐったりしてしまった

　プールでの水泳の授業中。天気もよく、水泳の授業には最適な状況です。水泳の練習をしていると、さっきまで元気だった子が、顔を真っ赤にして、プールサイドでぐったりしています。

ここが
分かれ目

横にして休ませれば大丈夫？

あなたならどうする

熱中症を疑って、
体を冷やすとともに水分補給を

　子どもたちをプールからあげて、プールサイドに座らせます。子どもを日陰に移動させ、体をプールの水で冷やし、持参している水筒の水を補給させます（スポーツドリンクがあれば最適。200CCを目安に）。その上で、事務室に備え付けのトランシーバー、または子どもの伝令でほかの教員に状況を伝えます。

子ども

心くばりもわすれずに

　日陰で横になる場合には、バスタオルを敷いて休ませます。

　教師は常に子どもの元を離れず、気持ちと状況の安定を図ります。

NG対応

　プールサイドで休ませておけば回復すると思い込んではいけません。水泳では、わずかな異常が命に関わります。

「花粉症がひどいので、体育を見学したい」 と子どもに言われた

　子どもの花粉症がひどく、昨夜はほとんど眠れなかったようで目を真っ赤にしています。発熱はないのですが、体育館でのマット運動の授業を見学させてほしいとの訴えがありました。

ここが
分かれ目

花粉症で体育の授業を見学？　熱はないのに……。

あなたならどうする

花粉症は、もはや子どもにとっての現代病とも言えます！

花粉症は、子どもの 20 ％程度がかかっていると言われている現代病の一つです。くしゃみ、鼻水、鼻づまり、目のかゆみ、そのほかに睡眠不足や発熱の症状もあります。子どもの訴えを一蹴するのではなく、体温を測定し、保護者と連絡をとり、今日の体育館での授業の参加について話し合いましょう。

心くばりもわすれずに

発熱はなく、早退するほどの体調ではありません。本人と保護者の意向を尊重しますが、その後の学校での様子をお便り帳などで伝えましょう。安心につながります。

NG 対応

花粉症で体育の見学は、ありえないと決め付けません。まずは、本人の訴えを聞きながら、あなた自身の目で健康観察をしましょう。

回収したノートが
誰のものか分からなくなってしまった

　授業が終わり、子どもたちのノートを回収しました。放課後になり、集めたノートを点検していると名前も出席番号も書かれていないノートがありました。

せっかくノートを集めたのに誰のノートか分からないなんて……。

あなたならどうする

誰のノートか考えるより、
まずは残りのノートの点検を

出席番号も名前も書かれていないノートが見つかり、困惑することがよくあります。誰のものかを判別する作業は後回しにして、まずは集めたノートを一通り点検しましょう。その上で、ノートを出席番号順に並べて持ち主を明らかにします。判別する作業は、効率とあなたの気分を下げてしまいます。

心くばりもわすれずに

名前などを忘れずに書くことが苦手な子どももいます。「なぜ？」「何度も！」という言葉をかけるのではなく、提出する前に確認の声かけをしましょう。

NG 対応＆予防策

ノートを判別できないことに気をとられていても仕方ありません。翌日、全員分のノートを並べて子どもたちに自分のノートを取りに来てもらいます。

テストで採点を間違えてしまった

テストを採点して、子どもたちに返しました。すると、子どもが「この問題、正解ではないですか」と聞いてきました。見てみると、答えが正解なのに×をつけてしまっていました。

ここが分かれ目

採点ミスは、あなたの責任……。

あなたならどうする

「間違えてごめんね」と謝罪し、
とびきり大きな○をつけます

　採点ミスは、誰にでもあります。採点を再度確認し、「間違えてごめんね」とすかさず謝罪しましょう。その上で、とびきり大きな○をつけて、合計点も大きな数字で書き直します。もし100点ならば、大きな花丸もつけましょう。

心くばりもわすれずに

　子どもは、点数を低くついていることに不満をもっています。その気持ちを払拭するように「青系ペン」で「大きな○」をつけて修正しましょう。

NG対応

　「忙しくてつい間違えたよ」など、言い訳はいけません。その場で謝罪、訂正が基本です。あなたの誠意を伝えることが大切です。

ノートを回収したものの、
次の授業までに確認しきれなかった

　授業が終わり、子どもたちからノートを回収しました。次の
授業までに点検して子どもたちに返却する予定でしたが、ほか
の仕事との関係で確認することができませんでした。

ここが
分かれ目

次の授業までにどうしても確認できなかった
……。何か良い方法は？

あなたならどうする

これが
大事!!

手渡しでノートを返却し、
あなたの気持ちを子どもに伝えましょう

子ども

　さまざまな仕事の関係で、回収したノートの点検が次の授業に間に合わないことはあります。子どもは教師であるあなたに、自分のノートの頑張りを認めてほしいのです。あなたが子どもに一言添えて手渡しで返却することで、子どもはきっと満足してくれるはずです。主役はあくまでも子どもです。

心くばりもわすれずに

　こちらの都合でノートの確認ができなかったという事実を、最初に子どもたちに伝えましょう。あなたのその態度が子どもたちに伝わり、良い見本となります。

NG 対応・予防策

　忙しかったから確認するのを忘れてしまったなど、言い訳を述べる対応は、良くありません。漢字・計算ノートは 2 冊用意し、交互に確認するなど、工夫も大切です。

105

早く帰宅したいが、誰も帰ろうとしていない

　勤務時間が過ぎ、19 時を過ぎようとしています。職員室には、まだたくさんの先生方が残って忙しそうに仕事をしています。自分の仕事も一段落して帰宅しようと思いますが……。

ここが
分かれ目

先輩の先生もまだ仕事をしている……。
帰宅したいけど……。

あなたならどうする

仕事の段取りと月の残業は 45 時間を
目安に、退庁時間の目処を決めます

仕事には際限がありませんが、働き方関連法案も順次施行されています。月の残業は 45 時間を一つの目安としてあなた自身の勤務時間の目処をつけます。明日の準備、学年の先生方に声をかけ、自分の仕事の段取りを確認して「お先に失礼します」と退庁しましょう。

心くばりもわすれずに

学校は、学年部を中心に先生方が動いています。学年の先生に声をかけ、無理のない範囲で手伝いましょう。日頃のあなたの気くばりが円滑な勤務につながります。

NG 対応

自分の業務に埋没したり、やらなければいけない仕事を後回しにしたり、黙って退庁したりなど、人間関係を壊しかねない行動をしないように心しておきましょう。

先輩職員の出勤が早すぎて、
気を遣ってしまう

　毎朝7時には学校に出勤をして、授業の準備や子どもの登校の迎えをしています。しかし、先輩教員の先生は、いつも自分より出勤時間が早く、気を遣ってしまいます。

ここが
分かれ目

早い出勤のためには、起床時間も早くしなくてはいけません……。

あなたならどうする

これが大事!!

無理は禁物！ どんなに早くても、自分でセキュリティー解除しない程度の時間に

　先輩職員への気遣いも大切ですが、無理は禁物。早い出勤も、時間の目処をつけて出勤することも大切です。その目処は、セキュリティー解除の時間です。ですから、先輩職員が解除しているならば、それを受けて「おはようございます」と大きな挨拶をして出勤するようにしましょう。

職場

心くばりもわすれずに

　同僚への心くばり、気くばりは社会人としてのマナーとして大切です。しかし、過剰な心くばりは避けましょう。はきはきとした挨拶。これが大切です。

NG 対応

　出勤時間への気くばりのため、朝6時などに出勤して、本来の授業に支障が出ることのないようにしましょう。

109

あるある
トラブル
50

出勤したら学校が解錠されていなかった

　朝、学校に出勤しました。いつもは解錠されているのですが、その日に限って警備保障会社のロックがまだ解錠されていませんでした。

ここが
分かれ目

ロックを解錠するのは簡単です。一人で校舎に入りますか……。

あなたならどうする

不審者が校舎内にいるかも？
校舎内には入りません

　警備保障会社のロックは、管理棟の警備を主としています。不審者や校舎の破損等も考えられます。ロックを解除して誰もいない校舎に1人で入ることは避け、まもなく出勤してくる同僚を待ちましょう。管理職である教頭先生がやってくるはずです。

心くばりもわすれずに

　一緒にロックを解除してくれた先生に、「1人では不安でしたので安心しました」の一言を。危機管理を共有することにつながります。

NG 対応

　週休日や閉庁日も同様です。ロックを1人で解除して校舎内に入る時には、事前に管理職に連絡してからにしましょう。あなたの身の安全と校舎の管理にも関係します。

朝、出勤したら校舎の一部が破損していた

　朝、学校に出勤して警備会社のロックを解除したところ、玄関のガラスが割れていることに気付きました。学校にはまだ誰も出勤してきていません。

ここが
分かれ目

校舎の破損事件！？　誰に通報？

あなたならどうする

現場から離れず、同僚が
出勤してくるまでしばらく待ちましょう

　不審者が校舎内に入っていることも考えられます。校舎内に入らず、現場で同僚が出勤するのをしばらく待ちましょう。その場でしばらく待つことで、あなたも落ち着いてきます。同僚が出勤してきたところで110番通報、上司への連絡を入れます。負傷者がいない事件です。複数での対応を心がけます。

心くばりもわすれずに

　焦って対応するのではなく、同僚が出勤してくるまでの間、時系列で記録をとりましょう。今後、警察からの捜査の参考になります。

NG対応

　校舎にほかの破損がないか、現場を離れ見回ることは、あなた自身の安全と現場維持という点で問題があります。

113

出勤前に体調が悪くなってしまった

最近、仕事が忙しく、不眠と食欲不振が重なっていました。
体がだるく、職場に行けそうにありません。

体調は悪いけれど、今日も授業が……。

あなたならどうする

まずは、病院で受診
授業や学校のことはひとまず忘れましょう

　朝一で病院を受診しましょう。受診する科は、内科（心療内科）です。早めの受診が、早めの回復につながります。医師の指示に従い、十分な休養と睡眠をとります。早めの受診が一番の薬です。

心くばりもわすれずに

　教員の多忙化は、社会問題化し、働き方改革も進んでいます。職場の同僚の体調にも気をくばり、日頃の声がけを意識しましょう。

NG 対応

　市販の風邪薬の服用や、様子を見ながら仕事をしてはいけません。休む勇気を大切に。教員の精神疾患による休職者は 5,000 人を超えました（2018年度文部科学省人事行政状況調査）。

トイレに行く時間がなくて困ってしまう

出勤後も子どもたちへの対応、授業の準備と目も回るような忙しさの 1 日です。休み時間にトイレに行こうと思いましたが、忙しくてなかなか行くことができません。

ここが
分かれ目

トイレに行くのは生理現象。
我慢する？　我慢できる？

あなたならどうする

我慢は禁物！
トイレ問題は教師の大問題！

「気が付くと朝から給食の時間までトイレに行っていなかった！」

　学校では、このような会話がよく聞かれます。排尿は、大切な生理現象です。職員用トイレに行くことが難しい場合は、子ども用のトイレを使用します。子ども用のトイレを使うことで子どものトイレ環境を知ることもできます。

心くばりもわすれずに

　トイレに行くことは、恥ずかしいこと。これは誰しも思うことです。トイレに行く子どもにさりげなく対応する日頃のあなたの心くばりが、自身への心くばりにもつながります。

NG 対応

　「この授業が終わってから……」と後回しにすることで、授業への影響とあなたの身体を苦しめることにつながります。業間休みは、トイレタイムとして活用しましょう。

荷物が多すぎて通勤がつらい

　子どものノート、教材研究用の教科書など、自宅に持ち帰っ
て行う作業のための荷物がたくさんあります。電車、バスなど
はもちろんのこと、車での通勤でも荷物が重くて大変です。

ここが
分かれ目

**今日も子どものノートも教科書も持ち帰らなくて
は……。**

あなたならどうする

働き方改革！　先生も置き勉の時代！

次の日の授業の準備のために、子どものノートや教科書、提案文書のための資料も……。子どもも置き勉の時代です。教師もノートの持ち帰りは教科を決めたり、教師用教科書は自宅用として活用したりして、持ち帰らなくてはいけない荷物を見直し、精選しましょう。

職場

心くばりもわすれずに

ノートの見届けは、コメントから◎○、ABC というように切り替え、なるべく持ち帰りを避けます。子どもに返す時に一言添えることで心に残るノート指導になります。

NG 対応

「あれもこれも」から「あれとこれと」に絞り、一晩でできる持ち帰りに切り替えます。安心のためのお守り的な持ち帰りは避けましょう。

デスクワークが多く、運動不足のせいで体重が増えてしまう

　子どもが学校にいる間は忙しく動きますが、下校後はデスクワークが多く、仕事のストレスなどによる職員室での間食、給食のおかわりなどで体重が増えてしまいました。

 ここが
分かれ目

忙しく動いているようですが、実は体重が増えていました。

あなたならどうする

トイレ休憩を利用して、運動不足と体重増加を解消

　教師は仕事の疲れ、プライベートの時間がないことによるストレスでの暴飲暴食に伴う体重増加が職業病になっています。そこで、トイレ休憩を利用して1つ遠くの違う階のトイレを使いましょう。歩く距離がのび、階段の登り下りで筋力もアップします。意識して歩くことで気分もリフレッシュ。

職場

心くばりもわすれずに

　階の違う職員用トイレへ行きましょう。10分間という短い時間を利用して、職員室用トイレまで歩きます。トイレまでの道のりで会った同僚との世間話でリフレッシュ。

NG対応

　忙しさのあまり夕食の時間が遅くなったり、夜食の食べすぎは厳禁です。子どもと同様、まずはあなたの規則正しい生活を心がけましょう。

あるあるトラブル
56

絶対にこなせない量の仕事を頼まれた

授業、分掌の業務と大忙しの毎日。自分なりに、計画的に業務に取り組んでいました。そんな時、自然教室の計画立案の業務を頼まれました。しかし、どうしてもこなせない状態です。

ここが
分かれ目

こんなにたくさんの業務！
今の自分にはこなせない？

あなたならどうする

困った時こそ、「報連相」

　授業や教材研究、分掌の仕事等、教師にはさまざまな業務があります。今の
あなたにこなせない仕事を頼まれた時こそ「報連相」が大切です。頼まれた仕
事の手順や期限等と、今の自分の業務状態とを合わせて「相談」しましょう。
仕事を受ける・受けないではなく、「相談」で仕事への見通しを立てます。

職場

心くばりもわすれずに

　仕事を断わると申し訳ない気持ち
になります。しかし、期限直前で
は、かえって迷惑をかけてしまうこ
とを心しておきましょう。

NG 対応

　最初から断ったり、安請け合いを
したりすることは避けましょう。仕
事を経験することで、あなたの業務
能力を育成するねらいもあると考え
ましょう。

あいさつをしても
返事をしてくれない職員がいる

「おはようございます」とあいさつをしても返事をしてくれない先生。何か悪いことでもしてしまったかな……と不安になってしまいます。

 ここが分かれ目　なぜ？　どうして？　何か悪いことしたかな？

あなたならどうする

先手必勝！
名前を呼べば、振り返ります

　「○○先生、おはようございます」と声をかけましょう。名前を呼ばれて振り返らない人はいません。この声かけを周りにいる同僚も聞いています。職場の同僚とは、良好な関係で「仕事」をする仲間です。あなたからの声かけであなたの気持ちが軽くなります。

職場

ここをチェック！

　職場には、いろんな人がいます。気の合う人、ちょっと苦手な人。「仕事」での関係と割り切り、ストレスをためるのは逆効果です。先手で乗り切ります。

NG 対応

　苦手な人→避ける→共通理解の不足→ストレス→ミスという負の連鎖が起きます。
　教室に引きこもることは、致命的な対処です。

ジャージで出勤する同僚がいる

　学校への通勤。毎日、ジャージ姿で出勤する同僚がいます。その同僚は、ジャージ姿で授業を行い、1日を過ごします。そして、そのままジャージ姿で退勤しています。

ここが
分かれ目

ジャージ姿で通勤すれば、
着替えもしなくていいけど？

あなたならどうする

社会人の通勤は、スーツ？ ジャージ？

　公立学校の教師は、公務員です。あなたの身なり、服装は、子どもの見本、そして、保護者や地域住民、同僚に見られています。ジャージ姿の同僚を見かけたら退庁時に「あなたのそのジャージ姿を子ども、保護者、地域住民が見ていますよ。明日からジャージからスーツに変えましょう」と声をかけます。

職場

心くばりもわすれずに

　教師は子どもの良き見本です。身だしなみ、立ちふるまいは、あなたの人となりを表しています。あなた自身への心くばりもわすれずに。

NG対応

　「自分のことなんて誰も見てはいない」という思い込みは禁物です。慣れと緊張感の欠如が服装に表れます。服装で気持ちの切り替えを。

なかなか時間を守ることができない同僚がいる

　学校には、職員会議、研修、学年会など、さまざまな会議があります。ある先生は、会議にいつも遅れてやってきます。そのため、会議が時間通りに始まらないこともあります。

 ここが分かれ目

時間を守れないのか、会議を忘れてしまうのか。どうして遅れるの？

あなたならどうする

会議には、お互いに声をかけ合って参加する習慣を

　時間を守れない先生に指導しても、なかなか改善しないことがあります。そんな時には、会議に参加する先生が「今日の会議は、15時から職員室であります」「あと5分で始まるから一緒に行きましょう」とお互いに声をかけ合うようにしましょう。同僚性を最大限に生かすことが大切です。

心くばりもわすれずに

　「あの先生はそういう人」と、人間性を決め付けないよう配慮することが必要です。あくまでも時間を守るのが苦手なだけ、という認識が大切です。

NG対応

　「どうして時間を守れないのか」と理由を問い返しても、本人の心には響きません。周りの先生が、どのように対応すれば改善できるかという発想に切りかえましょう。

職場

こちらの意見を全く聞いてくれない
同僚がいる

　学校には校内研修や学年会など、さまざまな会議があります。ある同僚は、自分だけ発言し、全く私の意見を聞いてくれません。話し合いにならないのです。

話し合いは、聞き手と話し手がいて成立します。

あなたならどうする

授業での切り返しのスキルを
職場での話し合いに生かしてみましょう

　自分の意見を多く発言し、ほかの職員が発言できず話し合いになっていない会議や会話があります。そんな時は「○○先生のご意見はよく分かりました。ところで……」と切り返して、会話のスイッチを入れ直します。このスイッチでお互いの意見を交換し合う話し合いにつなげましょう。

心くばりもわすれずに

　一方的に意見を述べる教師にも、話し合いを盛り上げようという思いがあります。切り返しの言葉で、お互いに意見を言う合う場だというメッセージをはっきり伝えましょう。

予防策

　話し合いの前に、1人の持ち時間を3分として話し合うことをルールとしておくのも有効です。時間設定することで、話し手にも聞き手にも緊張感が生まれます。

同僚に頼んだ仕事の期限が過ぎてしまった

　同僚の先生は、穏やかですが少しのんびりした性格です。先週、作成を依頼した、学年だよりが今週になっても提出されていません。すでに、期限が過ぎています。

**ここが
分かれ目**

**仕事を忘れているのか。
作成の仕方を悩んでいるのか。それとも……。**

あなたならどうする

言う？　言わない？
迷ったら、言いましょう

　仕事には必ず期限があります。同僚の先生が仕事を忘れているのか、作成に困っているのか、聞いてみなくては分かりません。迷ったらはっきり「依頼した文書はできていますか？」と聞きます。期限が過ぎれば過ぎるほど、迷惑がかかる人が増えてしまいます。

職場

心くばりもわすれずに

　新規採用教師でも経験30年の教師でも、「先生」として扱われる職業です。ですが、経験と実務には差が出ます。個別の対応により個の自覚を大切にしましょう。

予防策

　仕事を人に依頼する時は、手順を確認するとともに、付箋に期限（日と曜日）を書いて、視覚化します。合わせて、締め切りの週の初めに、声をかけておくと効果的です。

体調の悪そうな同僚がいる

出勤をすると、いつもは元気な先生の様子がいつもと違います。マスクをして、咳をしていて顔色も良くありません。責任感の強い先生は「授業があるから……」と教室に向かいました。

ここが分かれ目

風邪ならまだしも、
もしかしたらインフルエンザかも……。

あなたならどうする

子どもを守るためにも、受診を直ちに勧めます

　責任感の強い先生は、自分が休むことでほかの先生方に迷惑をかけてしまうと考え、休みをとることを躊躇してしまいます。しかし、健康あっての業務。今や1年中罹患する可能性のあるインフルエンザかもしれません。強く、そしてみんなで受診を勧め、身体を休ませましょう。

心くばりもわすれずに

　教師の資質として責任感の強さがあります。しかし、健康を害しては仕方がないことを職場で共有し、「子どものためにも早く治す」を合言葉に！

NG 対応

　本人の意向を聞き、放課後まで放置はいけません。養護教諭、場合によっては管理職と相談をして積極的な対応をとりましょう。

仕事をやりきれていない職員がいる

　提出文書の期限が過ぎたのに、まだ文書が作成されていません。本人は一生懸命頑張っているのですが、なかなか改善されません。周りの職員も困っています。

ここが
分かれ目
「あれもこれも」と、
忙しい気持ちは分かりますが……。

あなたならどうする

締め切り期限を確認して、やるべき順番をつけます

　今やらなくてはいけないことについて、項目、締め切り、期日を表にして取り掛かる順番をつけます。上司には、その表を見せて段取りを報告します。その上で、期限が迫っている仕事からとりかかります。

職場

心くばりもわすれずに

　仕事が遅れている時には、2つ以上の仕事に同時に取り組みません。1つの仕事を期限までに終わらせ、次の仕事にとりかかります。並列の仕事から直列つなぎの段取りへ。

NG対応

　上司や同僚が個別に指導をしても簡単には改善しません。まずは、仕事の段取りをつけて、一つ一つの仕事ごとに認め、見届けて成就感を高めます。一番辛いのは、本人です。

机上の整頓ができない同僚がいる

　同僚の職員は整理整頓が苦手です。机の上には、カメラ、子どものテスト、配布された関係書類が山積みになっています。そのほかにも、お菓子の袋ものっていることがあります。

ここが
分かれ目

**書類、個人情報、お菓子……、
机の上は「玉手箱」でいいの？**

あなたならどうする

一緒に机上の書類を断捨離します

多くの場合、机上の整頓をやる気がないのではなく、きっかけがつかめないだけです。「個人情報を保護」することを名目に、あなたが一緒に片付けをしましょう。①机上の物を並べる、②必要・不要なものを分類する、③不要なものを捨てるという流れで、必要なものを整理していきます。

心くばりもわすれずに

職員の前で指導しながら整頓をしてしまうと、同僚のメンツは丸つぶれです。笑いが起きるくらい楽しく断捨離をしましょう。

NG 対応

断捨離とはヨガの「断行・捨行・離行」を意味します。ただ、いらないものを捨てて解決することではありません。

あるあるトラブル 65

保護者からプレゼントを渡された

家庭訪問での話し合いが終わりました。帰り際に「いつもお世話になっています」と、お土産を渡されました。どのように対応したら良いでしょうか？

「ありがとうございます」と、
安易に受け取ってもいいのでしょうか……。

あなたならどうする

「ありがとうございます。
お気持ちだけいただきます」と答えましょう

　保護者は、あらかじめプレゼントを用意していたはずです。まずは、お礼と感謝の言葉を返します。その後、学校のきまりでプレゼント等を受け取ることができないことを丁寧に説明しましょう。

心くばりもわすれずに

　最初に受け取れないことを伝えるのではなく、まずは「ありがとうございます」と、感謝の気持ちを述べます。

ここがポイント！

　家庭訪問で、お茶菓子を出していただいた時には遠慮なく、その場で美味しくいただきます。
　その場でいただくことが感謝につながります。

連絡帳に保護者から
自分宛の苦情を書かれてしまった

　朝、教室に行くと子どもが連絡帳を持って来ました。連絡帳の文章を読んでみると、保護者から私の指導についての苦情が書かれていました。

ここが
分かれ目

自分の指導に対する苦情が……！
心臓がバクバク！

あなたならどうする

これが
大事
!!

連絡帳を3回読み直し、心を整えます

　連絡帳には、あなたの日頃の指導についての苦情が書かれています。心臓の鼓動が高鳴り、感情も高ぶってくるはずです。まずは、その内容を3回読み直し、心を落ち着かせます。その上で、給食前までにその回答を考え、保護者に電話連絡を入れます。その際、学年主任への相談も忘れずに。

落ち着いて

3回読み直して 心を整理

保護者

心くばりもわすれずに

　連絡帳にあなたへの苦情を書いてくるということは、あなたへの改善の期待があるからです。連絡の最初は「ご連絡ありがとうございました」の感謝の言葉から始めます。

NG対応

　保護者へは、給食前までに一報を入れましょう。連絡帳に返事を書いたり、放課後に連絡したりすることは保護者の気持ちを逆なですることになります。

家庭訪問で話が盛り上がらない

家庭訪問に出かけました。母親とあなたが面談をしますが、話が盛り上がらず、予定していた時間より早く終わってしまいそうです。

ここが
分かれ目

話し合いが盛り上がらない時には、自分が話せば良いのか？

あなたならどうする

あらかじめ決めた3つの質問から始めます

　家庭訪問では、あらかじめ話題にする3つの項目を決めておきます（帰宅後、寝るまでの様子・休みの日の過ごし方・最近の友達関係など）。この3つの項目で家庭環境・保護者との関係・友達関係を知ることができます。その上で、あなたが学校生活での様子を伝えると話し合いが自然に盛り上がります。

心くばりもわすれずに

　家庭訪問では、家庭での様子をもとに保護者との共通理解を図り、クラス経営に生かすことをねらいとしています。保護者が話す時間が全体の半分以上となるようにしましょう。

NG対応

　話し合いが盛り上がらない時に、あなたが学校生活での子どもの様子ばかり伝えると、保護者にかえってストレスがたまります。傾聴し、応えるスタンスを忘れずに。

「来年も子どもの学級担任をしてほしい」 と頼まれた

　3月になりました。いよいよ学年末と進級の時期です。すると、ある保護者から「来年も先生に是非、担任をしていただきたい」というお話がありました。

「来年も学級担任を……」
思わず頬がゆるむ嬉しい言葉です。

あなたならどうする

教師冥利につきますが、
回答は慎重にしましょう

　嬉しいですが、回答は慎重に。まずは、保護者の気持ちをしっかり聞き、感謝の気持ちを伝えるとともに、子どもの成長を改めて伝えることにとどめます（「子どもが成長した」「毎日楽しく学校に通っている」などの話は、保護者にとって嬉しい話です）。

心くばりもわすれずに

　保護者の話を丁寧に聞き、その思いをしっかり受け止めましょう。保護者を主役に、あなたは子どもの成長を伝えることで感謝の気持ちを表します。

NG対応

　来年度の校内人事について安易に答えてはいけません。反対に学級担任を避けてほしいというお願いがあるケースもあります。

保護者に電話連絡を入れても、なかなかつながらない

子どもが高熱を出して保健室にいます。母親に電話をしてもつながりません。普段から連絡がつながらずに困っています。

 ここが分かれ目

電話がつながらない！
あとから電話をすればいい？

あなたならどうする

着信履歴と留守電で、あなたからのメッセージを伝えます

　最初に電話を入れて着信履歴を残します。そして、なかなかつながらない時には、留守電を入れて、あなたからのメッセージを保護者に伝えておきます。再度、電話連絡をする時には連絡がつながりやすい昼食時間（12時から13時）に連絡を入れます。

保護者

心くばりもわすれずに

　電話がつながったら、最初に「お母さん、今、話をしてもいいですか？」と話しかけます。事前に電話があったことを着信履歴で分かっているはずです。

NG対応

　「何度も電話をしてもつながらなかったのですが……」という言い訳は避けましょう。
　また、放課後までかけ直しをしないのは不信感を生みます。

「子どもが怪我をして帰宅してきた！」と保護者から連絡が入る

　放課後、保護者の父親から電話がありました。帰宅したところ、「子どもが学校で怪我をしたと言っている。どういうことなのか説明してほしい」との話です。

ここが
分かれ目

怪我をしているの？
私は知らないし、一体いつどこでどこを！

あなたならどうする

怪我の軽重にかかわらず、
直ちに家庭訪問をしましょう

子どもが怪我を教師に申告せず、下校してしまうことはよくあります。父親からの電話には、怪我について把握していなかったことを丁寧に謝罪し、その場で自宅に伺い、詳細を確認して旨を伝えます。その際、本人とも話をし、怪我を心配していることも話をします。

心配をおかけして
申し訳ありません

保護者

心くばりもわすれずに

怪我の軽重をあなたが決めるのではなく、保護者の意向を尊重し、その日中の医者の受診を勧めます。費用はスポーツ振興センターから補助も出ることも伝えます。

NG 対応

電話での確認、謝罪では保護者は納得しません。翌日に先延ばしせず、当日中に顔を合わせての対応が原則です。また、あなた1人での家庭訪問は厳禁です。

保護者から「友達に筆箱を壊された」 という連絡が入る

　放課後、「今日、学校で筆箱を友達に壊されたと子どもが言っ
ているが、どういうことですか」という電話が保護者からか
かってきました。

ここが
分かれ目

破損の状況がよく分からないけれど、 とりあえず謝るべき？

あなたならどうする

物の破損の問い合わせには、
現物と保護者と対面して話をすすめます

父親の訴えを聞いた後、自宅に伺い、壊れた筆箱を確認します。学校での出来事ですので、壊れたのか壊されたのかをはっきりさせます。破損については謝罪をし、明日、関係者に聞き取りをして、事実を究明します。

心くばりもわすれずに

壊れたのか、壊されたのか、筆箱をあなたと保護者と子どもとで、一緒に確認しながら話を聞くことで、「ほっとした」という気持ちが保護者に生まれます。

NG 対応

「壊れた？ 壊された？」と筆箱を確認しないで、電話だけの確認では、あなたの気持ちが伝わりません。フェイスツーフェイスが基本です。

「クラスのほかの子どもの連絡先を
教えてほしい」と頼まれた

　放課後、保護者から「クラスのお子さんのお宅に連絡をしたいので、電話番号を教えてほしい」という連絡が入りました。

 その場で電話番号を教えますか？
その場で断りますか？

あなたならどうする

電話番号も個人情報です！
了解をとってから、こちらからかけ直します

　個人情報保護法の施行以降、緊急連絡網等が廃止されつつあります。まずは連絡先を知りたい理由をお聞きし、緊急連絡網等を廃止した学校側の経緯を説明します。そして、あなたから連絡先を伝えて良いか、相手方の了承を得た上で、あなたから再度連絡します。

保護者

心くばりもわすれずに

　学校に連絡先を教えてほしいとお願いをする保護者には、それなりの理由があるはずです。まずは、その理由を傾聴し、解決方法を一緒に考えましょう。

NG 対応

　連絡先が携帯番号であることも多いです。先方の了承を得ず、簡単に伝えてしまうことで二次的な問題が発生してしまうことがあります。

「下校中の子どもの声がうるさい」
と連絡が入る

子どもたちが、まとまって下校しました。すると、学校に「子どもたちの声がうるさい。迷惑だ」という電話が入りました。

ここが分かれ目

「申し訳ありません」と
謝罪したほうが良いでしょうか？

あなたならどうする

マナーに関わる内容です！
繰り返しの指導で予防します

　まずは「ご連絡ありがとうございます」とお礼を述べます。その際、むやみに謝罪をすることは避け、話をしっかり聞きます。そして、近年、不審者対応と車による交通事故もあり、集団での下校を指導していることを伝えます。最後に、登下校のマナーについて再度指導することを約束します。

心くばりもわすれずに

　最初に連絡へのお礼を述べるとともに、「職員の田中です」とあなたの苗字も伝えます。学校として連絡を受けたことを相手に伝えることで、安心感が生まれます。

NG 対応

　「うんうん」「はー」ではなく、「はい」「そうですか」「ありがとうございます」という丁寧な応対を心がけましょう。

「子どもが家の敷地内に入って遊んでいて困る」という連絡が入る

「子どもが家の敷地内に入って遊んでいて困る」という電話が地域住民の方から入りました。

ここが分かれ目

苦情は電話だけでは、真偽が分からないけど……。

あなたならどうする

顔を合わせて、いつ、どこで、どうしたのかを確認します

きちんと名前を名乗っての苦情です。本校の子どもとは限りませんが、こちらの名前も名乗り、事情を聞き取りましょう。その上で先方の了承を受け、現場を確認し、顔を合わせて明日子どもへの聞き取りを連絡する旨を伝えます。できれば、現場の写真を撮っておくと、子どもへの指導に役立ちます。

そのほか

心くばりもわすれずに

先方の名前と所在が分かっているので、まずは「ご連絡ありがとうございます」とお礼を伝えましょう。その際、詳細は不明なので謝罪はしません。

NG 対応

地域住民からの連絡です。連絡として受けるのみで、指導や調査の内容はきちんと後日伝えます。「学校でも指導をしていきます」的な伝え方はNG です。

運動会の練習をしていたら、「騒音だ」とクレームが入ってしまった

あるあるトラブル 75

運動会の練習をしていた時のことです。「BGM がうるさい。騒音だ」という非通知の電話がありました。

ここが分かれ目

運動会の練習には BGM は欠かせない……。

あなたならどうする

非通知電話の苦情でも、
BGM を切って音量調節をします

　運動会のシーズンでは、ほとんど 1 日中どこかの学年が練習をしています。非通知電話には基本対応しませんが、今回は一旦 BGM を切って音量の調節をします。赤ちゃんやお年寄りの方の迷惑になることが考えられます。音量を調節して対応したことを伝えて、理解を得ましょう。

そのほか

心くばりもわすれずに

　学校にとっては BGM でも、地域住民にとっては騒音となることがあります。非通知電話とはいえ、しっかりと訴えを受け止め、直ちに対応することが大切です。

予防策

　調整したスピーカーの音量を記録して、次回に生かします。また、運動会練習期間が近付いたら、BGM 等の理解が得られるようご近所への通知をして対応しましょう。

校地の樹木が「自宅にはみ出して迷惑だ」と言われてしまった

校地の周りには、桜などの樹木が植えられています。隣接している地域住民から「樹木が自宅の敷地にはみ出して迷惑だ」という苦情が入りました。

ここが分かれ目

たかが樹木のこと？

あなたならどうする

校地内の樹木は緑化の効果が
ある反面、ご近所迷惑にもなります

　校地の樹木は緑化のためですが、樹木は年々大きく成長していきます。ま
ず、苦情を一通り聞いたところで、住所と名前と連絡先をお聞きし、複数の教
員で現場に向かいましょう。現場を見て顔を合わせて確認することで、今学校
ができることが明らかになります。

そのほか

心くばりもわすれずに

　校地の樹木の管理は、学校の仕事
です。まずは、「ご連絡ありがとう
ございます」の一言を添えて、その
足で現場に向かいましょう。

NG 対応

　その場で対応を回答することは避
けましょう。木を伐採するか、枝を
切るかなど、さまざまな方法が考え
られます。安易な回答は、後日誤解
を招きます。

非通知の苦情電話がかかってきた

　放課後の職員室。1本の電話がかかってきました。職員室にあなたしかいなかったので、あなたが電話に出ました。電話機を見ると非通知電話です。

ここが
分かれ目

非通知電話！？　誰からの電話でしょう？
ドキドキしてきます。

あなたならどうする

非通知電話には、特別対応しましょう

　非通知電話の多くは、自分の名前を知られたくない苦情、不明な業者からの電話です。電話に出た時には、「学校名やあなたの名前」を名乗らず、相手が話をするまで待ちましょう。そして、相手の名前と連絡先を聞き出すことができた後、いつものように丁寧に応対します。

そのほか

心くばりもわすれずに

　非通知と無名電話であっても、学校からの情報を提供しないだけです。「ありがとうございます」を多用し、誠意を伝えます。

NG 対応

　非通知、無名電話でも、あなたから電話を切ってはいけません。この行為は感情を逆なでし、再度電話がかかってくることが多いです。

おわりに

　運動場には友達と遊ぶ子どもの姿。教室からは、会話を楽しむ子どもの声。学校は、子どもの元気な姿と笑い声で満ちています。

　学校での一日には思いがけないことが、思いがけない時に思いがけない場所で起こります。

　学校という特性上、トラブルは必ず起こりますが、学校は子どもたちの成長の場であり、トラブルの場所ではありません。

　つまり、学校は「未来をつくる子どもたちの素敵な学びの庭」なのです。

　子どもとともに学び、子どもの成長を共に味わい、喜び合うことができる職業が教師です。

　子どもの未来をつくることができるのはあなた自身であり、あなたの手に委ねられています。

　そして、あなたには、今それを実現するチャンスと責任があります。

　道徳の教科化、プログラミング学習の導入など、学校教育には、大きな波が押し寄せてきています。しかし、その大きな波は、大きな期待の裏返しでもあります。

　是非、この大きな波に乗り、子どもたちの新しい未来を切り開いていきましょう。

　さあ、大きく息をすって、笑顔で教室にむかいましょう。新しい一日が始まります。

　最後に、出版の機会を与えてくださり、きめ細やかな御助言をしてくださった東洋館出版社の刑部愛香様、また、素敵なイラストを御提供いただき、かわいらしい教育書に仕上げてくださったイラストレーターのノグチノブコ様に心より感謝申し上げます。お二人のお力なくしては本書が世に出ることはありませんでした。ありがとうございました。

2020 年 2 月吉日

鈴木 ヒデトシ

著者紹介（2020年2月現在）

鈴木ヒデトシ ● すずき・ひでとし

静岡県私立中学校、静岡県公立小・中学校に勤務。

主な受賞歴として、1993年「私の体験と工夫」（小学館）入選、1997年山崎自然科学賞（山崎自然科学教育振興会）入選、2007年静岡県教育公務員弘済会（静岡県公務員弘済会）最優秀賞、2009年はごろも教育賞（はごろも教育奨励会）個人賞。

主な論考として「6年人体の楽しいネタ・面白実験」（『楽しい理科』2001年9月号、明治図書出版）、「新教科書を手にして教師が最初にすること」（『楽しい理科』2002年4月号、明治図書出版）などがある。

ノグチノブコ

千葉県流山市在住のマンガ家・イラストレーター。

専門学校在学中から活動を始める。卒業後、月刊雑誌でのマンガ連載や書籍のイラスト制作を経験、2015年よりフリーランスとして活動の幅を広げる。

書籍などのイラスト作成のほか、流山市名産の本みりんを使った「みりんde繁盛実行委員会」を発足し、公式キャラクター・みりんちゃんを制作。東京新聞、千葉日報、千葉テレビなどのメディアにも出演。ホームページ（http://noguchinobuko.com/）で、さまざまな情報を発信している。

教師の「あるあるトラブル」
初期対応 77

2020（令和 2）年 3 月 10 日　初版第 1 刷発行

著　　者：鈴木ヒデトシ
イラスト：ノグチノブコ
発 行 者：錦織圭之介
発 行 所：株式会社 東洋館出版社

〒113-0021　東京都文京区本駒込 5 丁目 16 番 7 号
営業部　電話 03-3823-9206　FAX 03-3823-9208
編集部　電話 03-3823-9207　FAX 03-3823-9209
振　替　00180-7-96823
Ｕ Ｒ Ｌ http://www.toyokan.co.jp

カバーデザイン：mika
本文デザイン　：藤原印刷株式会社
印刷・製本　　：藤原印刷株式会社

ISBN978-4-491-04039-4
Printed in Japan